Papa ist der Größte!

by SCHULZ

Aus dem Amerikanischen übertragen von Manfred Miethe

Der Apfel fällt nicht weit vom Stamm

Der Apfel fällt nicht weit vom Stamm

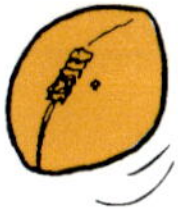

ER MEINTE, "WEIL MAN MIT EINER GEIGE NICHT FOOTBALL SPIELEN KANN"!

HA, HA, HA, HA, HA, HA!

DEIN VATER IST JA NOCH VERRÜCKTER ALS DU!

Der Apfel fällt nicht weit vom Stamm

NEIN? ICH VERSTEHE. WÄHREND DER FRISEURLEHRE HATTEST DU ZU VIEL ZU TUN...

Der Apfel fällt nicht weit vom Stamm

HOTHERAPEUTISCH
BERATUNG 5¢
"PIGPEN SENIOR"!
DIE ÄRZTIN IST
DA

RERUN! ZEIT FÜR DIE SCHULE! WO BIST DU?
ICH GEH NICHT! ICH VERSTECK MICH UNTERM BETT
KOMM BLOSS RAUS! WAS WIRD PAPA SAGEN?

DER VERSTEHT DAS. ER SAGTE, ALS ER KLEIN WAR, HAT ER SICH MAL 3 TAGE LANG UNTERM BETT VERSTECKT...

In Gedanken bin ich bei dir

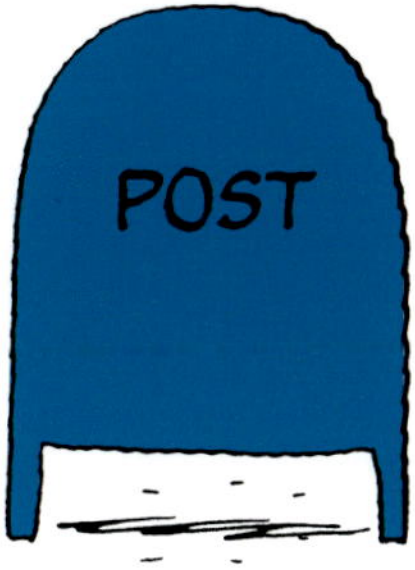

In Gedanken bin ich bei dir

In Gedanken bin ich bei dir

Ich könnte nie Haushund sein.
Ich liebe meine Unabhängigkeit.

Grüss Mama von mir und hab
einen schönen Vatertag.

Alles Liebe, Spike

PS: Bitte schick mir 10 Dollar.

DIE IST WIRKLICH WITZIG...
VIELLEICHT WÄRE EINE GEFÜHLVOLLE BESSER...

POST

WAS MACHST DU DENN DA?
ICH SUCH EINE KARTE FÜR PAPS. HEUTE IST VATERTAG.
SCHON WIEDER?

ALSO, WENN ICH PAPA SCHON EINE KARTE KAUFE, SOLL SIE AUCH GROSS SEIN...
Graduation
DA! NIEMAND WIRD SEINEM VATER EINE GRÖSSERE SCHENKEN!

ALLES GUTE ZUM VATERTAG!

In Gedanken bin ich bei dir

POST

SO IST'S GUT! GUTER HUND!
HOL IHN, KUMPEL!
SO, IST'S GUT! BRING IHN HER!

In Gedanken bin ich bei dir

WAS HAST DU DEINEM VATER ZUM VATERTAG GESCHENKT, CHARLIE BROWN?
ICH HAB IHN MIT MEINEM HUND SPIELEN LASSEN...

In Gedanken bin ich bei dir

In letzter Zeit passiert viel Schönes...
Letzte Woche bin ich gebeten worden, im örtlichen Chor mitzusingen.
OWOOO!

Und meine Steinsammlung macht mir wie immer viel Spass.
Also, ich wünsch dir einen schönen Vatertag. Dein Sohn, Spike

PS: Wenn du unbedingt möchtest, kannst du dir Sorgen um mich machen.

Die Deutsche Bibliothek – CIP-Einheitsaufnahme
Ein Titeldatensatz für diese Publikation ist bei
Der Deutschen Bibliothek erhältlich.
ISBN 3-8315-0050-9

ISBN 3-8315-0050-9

Redaktion: Barbara van den Speulhof
Gestaltung: Jan Leuwer

Gesamtverzeichnis schickt gern: Baumhaus Medien AG,
Seelenberger Straße 4, 60489 Frankfurt
http://www.baumhaus-ag.de

5 4 3 2 1 01 02 03 04 05